Kenza L.

La Plume Psychologique

Kenza L.

La Plume Psychologique

Think differently

Éditions Vie

Imprint

Any brand names and product names mentioned in this book are subject to trademark, brand or patent protection and are trademarks or registered trademarks of their respective holders. The use of brand names, product names, common names, trade names, product descriptions etc. even without a particular marking in this work is in no way to be construed to mean that such names may be regarded as unrestricted in respect of trademark and brand protection legislation and could thus be used by anyone.

Cover image: www.ingimage.com

Publisher:
Éditions Vie
is a trademark of
Dodo Books Indian Ocean Ltd., member of the OmniScriptum S.R.L Publishing group
str. A.Russo 15, of. 61, Chisinau-2068, Republic of Moldova Europe
Printed at: see last page
ISBN: 978-613-9-59020-9

LA PLUME PSYCHOLOGIQUE

By KEN

PRESENTATION

- KENZA L.
- PAGES: 47 pages
- LANGUE : FRANCAIS
- TITRE: LA PLUME PSYCHOLOGIQUE et LE MONDE VIRTUEL
- STYLE : EDUCATION
- REPERTOIRE : PSYCHOLOGIE
- SYNTEHSE : La plume musicale et ses résultants. Pour donner espoir, il faudra définir le choc ou le point 'X' et donner un traitement. Chaque cas est un cas isolé mais cela n'empêche pas de pousser des définitions et des compréhensions, pour décortiquer les éléments phares et sémantiques.

SYNOPSIS

- LA PSYCHOLOGIE
- LES TRATEMENTS
- LA THERAPIE
- LA MUSIQUE
- L'ECRITURE & LA LECTURE

La plume musicale ou le monde virtuel de la psychologie.

La psychologie est une plume musicale, instruisant des mondes existants et détruisant des mondes virtuels, à travers un traitement profond de l'existence d'une ravagée sauvage des mots, phrases et expressions détournées vers l'obsolète.

PLAN

LA PLUME MUSICALE

La plume musicale reste une plume développée sur une note musicale, un globe-trotter avec un sac, un avenir transitant sur les nuages, un amour éternel, un piano musical ; toutes les plumes sont un rêve enchaine a des chaises et une table, barbant un barbarisme, sans sujets et sans questions. Le plumage est une psychologie profonde, de captiver le cerveau dans un rêve répétitif, en boucle continue et résultant sur une perte de temps colossale.

Rêver la Plume,

Je ne vois la Dune,

Leçons sur la lune,

Résultat, tout est plume.

La psychologie, de l'oubli ordinaire vers une absence temporaire, est une transition entre deux mondes. « Rêver la lune, c'est une prune qu'on décide de manger, la posant sur une table, et en résultant par ne pas manger », cela ressemble à un Alzheimer psychologique, reflétant une réalité véridique dans un rêve obsolète, a dériver les esprits macabres de toutes les finalités respectives sur une plateforme sensationnelle et sensuelle. Ceci repose sur le corps humain, une température progressive, emprisonnant l'oxygène disponible et retentissant la plus-value respiratoire, sur un calcul fumoir d'une beue exploitée, et carapatant la mémoire disponible.

Tout reflet, ordinaire de votre corps, devient inerte et invisible, exploitant les rêves comme un ennemi virtuel, sollicitant la simplicité et la modestie, sur deux points extrêmes à trimballer les Allers/Retours, sans précaution prémonitoire de la raison.

Compter les plumes d'un poulet, aura plus de sens que la recherche d'une suite illogique d'une continuité réactrice et décisionnelle, massacrant ainsi tout le Building-Bock du self-control, sans raison particulière. Trouver le chemin revient à casser la chaine passoire par une information positive et réelle de passages de votre enfance heureuse ou plus tardivement dans l'Age, ne serait-ce que pour une période courte et amusante, Sortir des clous et du Marteau, sur un cycle de 12H continu, de 9H du matin à 9H du soir par exemple, c'est remettre en question tous les acheminements cérébraux à retrouver ses esprits.

Toute réalité est soumise à un arrangement entre un mot et sa réticence significative, à prévoir une imagination singulière sur une route continue.

Plume, Plume,

Tu es ma psy brume,

Sans raison, tu allumes

La flamme de la psy fume.

J'interviens au cœur,

J'arrive toujours à l'heure,

Je retarde les compteurs,

Je détruis les fouineurs.

Plume, Plume,

Pourquoi faire un rhume ?

Jamais le regard n'en brume,

C'est une raison lune.

L'œil est magique,

Je rêve de a logique,

Les chiffres reviennent agiles,

Les lettres deviennent tangibles.

Plume, Plume,

Une machine regard,

Un rêve domptoir,

Une nuit solitaire,

Un jour ordinaire.

Question d'Anarchie,

Rentrée dans la monarchie,

La psy fait souvent du chichi,

Le résultat reste flashy.

LA PSYCHOSE DU BONHEUR

AMOUR & BONHEUR > PROSPERITE

Se souvenir des moments de souvenirs perdus, confus, cachés permet de regrouper les aléas de la vie et les souvenirs d'enfance, de les faire resurgir sur une plateforme fluide et linéaire, sans montagnes russes. La constitution d'un monde nouveau, repose sur les souvenirs enfouis, balayés et camouflés d'une vie antérieure ; revivre son enfance à travers la vivacité des ressentis et feelings dans le cerveau.

Le sang a une mémoire, comme l'eau. On a beau le détourner et le dévier, il retrouve toujours son chemin. A son blocage, le cerveau trouve des alternatives sauf que la mémoire retrouve l'issue de secours, pour débloquer les nœuds constitués' ainsi le mouvement naturel retrouve son chemin habituel et substantiel.

Toute information cachée pour vous, depuis votre enfance, resurgit et permet de se retrouver sur un plat savoureux et sans histoires.

>>> Traitement : 10 a 15 mn chaque jour, cela est largement suffisant, pour subsister a un Alzheimer occasionnel ou temporaire.

LA PSYCHOLOGIE DU SOUVENIR

Le blocage sue une idée longda, avec condensation hebdomadaire ou régulière, donne un résultat subversif, d'une réalité imaginaire, ne laissant qu'une seule porte « entre-ouverte » permettant à un aléa lointain de se rapprocher.

La psychologie demande une ivresse de connaissances, mais la maladie ne repose que sur un petit oubli, un blocage ou un mécontentement et la différence, soit la marge résulte avec une durée maladive d'EAU, qui coule sur les ponts ou sous les ponts.

A ce moment-là, c'est votre vision qui prime, et décline toute la connaissance de votre vie sous un plat cuisiné débordant d'imagination, de folies furieuses et j'insiste, personne ne peut vous sortir de cette roue de questionnements et de mépris de soi, que la lumière, du bien ou du mal, apporté aux autres durant toute votre vie.

L'entourage ne sera pas commode avec vous, dieu non plus ; seuls les rivages contemplés d'une rivière, les vagues d'une Mer ou la réticence d'un ciel seront vos alliées permanents, a décrypter le silence enfoui en vous à cause du choc et les paroles dispersées sur votre entourage, par un corps en détresse.

Ne cherchez ni les parents, ni proches ni amis, focalisez sur votre bien-être après une petite pause de votre méninge, camouflé par un rideau, une table, une chaise, un réseau téléphonique ou un pare-brise.

L'échec n'est pas permis mais la réussite non plus, à savoir établir un essai permanent de se reconstituer, de recommencer sa vie à zéro, de refaire le déjà fait, donnera un sens aux sens perdus, en cours de route. Des lors, un manège extraordinaire commencera à tourner doucement, pour monter le créneau ou le rythme a son équilibre habituel.

Exemple :

Le rythme ou la vitesse

+ + ou - - > production du CO_2, moins d'O_2

>> Faiblesse des réceptifs normaux

>> Chute de tension

>> Défaillance du système nerveux

>> LE MOMENT DE CRISE

<u>NB :</u>

La respiration sera l'essence de votre vie, pour démontrer les autres théories.

La vie devient une perception fluctuée, d'une réalité subsidiaire. Le choc s'est installé pour une raison, ou une autre, le retrouver pour le soigner devient la course du combattant. Le mensonge s'est installé comme un blocage, une idée sans vérité absolue, a dispatcher le cerveau en deux parties : la raison et les sens, le cerveau et le cœur, le calcul et la probabilité, …., sans pouvoir retrouver son chemin habituel de diapason noir aux lettres d'alphabet magiques, une entrée de porte mélancolique ou un système nerveux en défaillance ; <u>c'est la chute libre !</u>

Une seule raison d'y croire, c'est lorsque vous êtes entrain de chercher la porte de sortie, vous allez retrouver des trésors cachés dans votre cerveau, que vous avez jamais soupçonnés et vous allez comprendre que la nature humaine est grandiose ; tel est notre créateur. Se poser des questions est une chose mais, se poser les bonnes questions est l'une des raisons qui porte la réflexion vers un avenir glorieux, subversif, intelligent et surtout tangible.

Le moi, le surmoi, sont dans une guerre permanente d'exister, et chacun a son élan ou son accommodation mais, une seule idée reste : Tout peut guérir, il faudra trouver cette idée, à vous sortir du gouffre, et a vous extorquer de la maladie imaginaire, soit réelle.

LES SOINS PAR LES IDEES

Une idée peut vous soigner à vie, alors que le médicament a un effet temporaire. Tout médicament doit être pris jusqu'à trouver l'idée qui va vous aider à vous en sortir. Une idée n'a aucun effet pervers, c'est une manière alternative de comprendre l'ultimatum singulier de l'être humain. Toute révolution en termes de santé, ne peut être généralisée, chaque patient est un cas isolé avec des ressemblances.

La similitude réside dans l'être humain, et la différence est une résultante du cerveau humain. L'idée est un différentiel, entre le corps et le cerveau, c'est à suprématie de la compréhension de son intérieur pour soigner son extérieur.

Toute apparence intellectuelle est un résultat d'une équation mathématique, à prouver la supposition et a résoudre l'équation pour trouver le résultat.

LA CULTURE PSYCHOLOGIQUE

Le traitement psychologique du cerveau, passe par plusieurs étapes, à savoir : REV, RAISONNEMENT, RAPPEL, REMISE EN QUESTION et REALITE.

1) Le REVE

Le REVE acte sur deux axes :

- Le réel conscient
- L'Imaginaire sommeil

2) Le RAISONNEMENT

- Le savoir établi
- L'acquis logique

3) Le RAPPEL

- Les souvenirs réels
- Les souvenirs imaginés

4) La REMISE EN QUESTION

- La question logique
- La réponse illogique

5) La REALITE

- L'existant positif
- Le choc négatif

Le NOIR CEREBRAL

i. LE NOIR CEREBRAL

Le Noir cérébral communique sous différentes langues, et produit un effet mémorable, à la limite de la discussion humaine. Quand les silencieux discutent, les différentes langues se démultiplient successivement pour ne laisser qu'une mince couche fine, simpliste mais aussi innovatrice, à travailler les matières et à visionner les mondes multiculturels.

A noter que les couleurs sont un remède inaliénable et productif, il permet de fructifier le résultat dompte de toutes les raisons démagogiques.

Important soit-il que toutes les raisons ne peuvent être vraies éternellement, il faudra faire le ménage régulièrement dans le secteur cérébral, pour libérer de la mémoire sinon, c'est un arrêt cardiaque et immédiat.

ii. LA POLLUTION

Le noir cérébral ou la pollution cérébrale, est un second état d'idées négatives et controverses, impactant l'environnement global des nerfs par cet endormissement de la sérotonine et la mélanine, éliminant la jouir et la bonne humeur, pour ne laisser que la tristesse et le pessimisme.

La psychologie cérébrale est un ART indéniable, une idéologie universelle et un tueur dormant ; c'est une science et une destruction, comme toute création divine. Il est important de signaler la captivité de notre cerveau a la technologie, est une sorte d'esclavage doux, sympathique et sans histoires mais quelle est la limite de 'NOUS', en tant qu'humains de se de posséder de cette captivité sous-licence.

Peut-on discuter ou c'est un tabou ? Y'a-t-il un réveil ou non ? Que le signe d'alerte ? Quel sera le signal d'alarme ?

Il faudra comprendre que ceci est une réflexion pure et dure, comme faire, sans prétexte maladif ou extrême, de contrôle ou d'attaque de marque ?

iii. LE BARBARISME

C'est une psychologie oratoire.

Le barbarisme est un barbare, qui a barbé sur un barbarisme ordinaire, pour pondre un barbarisme psychologique. Tout barbarisme est soumis à des lois binominales, sous couverture d'un Savage maladroit. Toute créature est une forme décalée, de la raison subversive d'une apocalypse calamiteuse.

Droit, droit, à ceux qui ont compris les différences barbares, des mots et des rêves, barbant le cerveau de tout et de rien, à la limite d'une fanatique soumission simple et résonante.

iv. LA CONDENSATION PSYCHOLOGIQUE

C'est une histoire mélancolique qui pourrait se raconter sous la forme suivante :

« La lune s'est arrêtée et n'a trouvé de chemin, son changement est insignifiant, le soleil tourne sur un cycle tournant et ne trouvant pas de sortie, l'Etoile brille toujours laissant l'admiration a tout e monde, sans pouvoir choisir, le ciel retentissant de couleurs constamment, le rêve est de tout stabiliser. On se retrouve sujette à des infractions de la vie, regardant, parlant et bougeant, mais la relativité joue un travail grandiose dans l'accomplissement des étincelles. Jurisprudences de la terre et le reste du monde, L'humain ne voit plus et ne regarde plus la vie de la même manière ; à rêver d'un noir extraordinaire et à augmenter les étincelles solaires », telle est une histoire mélancolique avec un dramaturge étincelant.

LA DIVERGENCE THERAPEUTIQUE

La divergence est une exploration de l'esprit humain, au niveau cérébral, à travers des exercices simples mais effectifs.

La DIVERGENCE DU TRAITEMENT : le domaine de prédilection : La Musique ; Le sport ; La nourriture ; La lecture ; L'Ecriture ; La couture ; La cuisine ; Les langues étrangères ; La science ;... etc.

Le domaine de prédilection est un champ extraordinaire de psychologies alternatives, et réparatrices de toute la splendide humaine. Toute activité sportive, artistique ou autres ressemble à une porte de sortie de la suprématie cavalière des mouvements et de l'imaginaire, à voyager à travers et de travers les points cardinaux du corps humain. Cette rapidité de réflexion, et d'intégration des informations de toute nature, permettaient à alléger les faits marqués et factuels des redondances habituelles.

Tout ressenti est un facteur olfactif et resplendissant de la réalité, donne au cerveau la capacité de se souvenir. Le cerveau historise les évènements et les ressentis et donne un signal positif ou négatif au cerveau, en fonction de l'enregistrement du souvenir. Ceci reste un moyen intelligent de retrouver son chemin perdu et de resurgir les souvenirs de manière significative. L'imaginaire et le réel représentent des parties significatives des facultés humaines à construire un monde virtuel du cerveau humain et à recentrer les informations importantes de toute la raison humaine.

Les noms de tout sport et de tout art, sont un moyen de donner un titre particulier et singulier à un monde réel ou non, pour le repérer ou le référencer.

Le cerveau est donc similaire à un ordinateur, avec une mémoire, un archivage, une historisation, une exploitation et un réseau de connexion. Ceci dit il a également des défaillances et cela est purement intangible ; un facteur changeant en fonction des cas présents et des environnements en question.

Le VIOL MENTAL

Récidiviste, Eloigne-toi de moi,

REVE, REVE, Réveille-toi

Boule, Boule, Tu m'étouffes somnambule

Mains et Mains, La raison est une bulle

Brulures et sensations, je ne vois que du feu

Travail et relations, désolée ! Je suis pieux

A ton réveil, tu es emprisonné

A ton sommeil, tu es réveillé

Tout est à l'envers, dans un tour de clefs

Tout est en vagues, sur une mer calme et docile

Je ne te vois plus, Cœur

Souviens-toi, Sœur

Je suis ta raison, Mère

Je suis ton proche, PERE

Avis aux génies et aux inventeurs,

Je vais trouver la voix intérieure,

Je deviendrai Milliardaire

Je ferai de cette murette, la voix solaire

Attisé les convoitises, je te deviens

Rêver les sottises, je te tiens

Amen a ceux qui ont rêvé la mort,

Au revoir à ceux qui ont damés l'entrevoir,

Je suis adepte de toute la réalité,

Je fuis les gens, une fatalité !

Le Viol est l'histoire d'une boule serrée dans la gorge, es mains sur les cuisses, une sensation de brulure dans le bassin, une sensation de chaleur indésirable. Tous ces symptômes peuvent apparaitre chez l'être humaine, suite à un viol réel, imaginaire, en sommeil ou en hypnose. Un Etouffement du souffle et une résonnance dans les oreilles, et un « AU secours » retentissant dans le cerveau. Les maladies s'accumulent au point que la personne devienne délaissée, sans envie, ni amour de soi, ni sensation du corps. Les jours se succèdent et entre le rêve et la réalité, tout est flou. Une sensation de solitude et d'un monde vide, une rapidité extrême du cerveau qui tourne en boucle et une sensation absente dans le bassin. Les rêves et les souvenirs sont dans une zone cachée, elle devient à découvert et elle commence à perdre sa force de protection, pour laisser aller les évènements psychologiques, a retentir sur les visions des choses et leurs résultats. Tout est dessus-dessous, le cauchemar se répète devant tes yeux entre sensations, larmes et incapacités à parler ; donc, silence absolu et corps mort. Une rive qui salut le Saint Exupéry, une répétitivité mentale car le cerveau a été violé. Aucun consentement n'a été donnee et aucun' OUI' n'a été prononce et le cerveau dit : Non, Non, je ne veux pas, je suis pas d'accord, sans mon consentement et sans mon avis. L'humain préfère mourir que de voir cette vie-là, cette vie de Black-out, un humain impuissant dans sa propre maison, à voir sa famille et son monde s'écrouler devant ses yeux car il n'a pas voulu céder ; C'est la mort assurée !

Le Cerveau et langue doivent retrouver le chemin de la rédemption, pour discuter et s'harmoniser. Il est indispensable de voir le malheur et l'exprimer en ses propres mots, pour pouvoir le définir et le guérir.

Du coup, la personne devient « transgenre », et requiert des capacités masculines dans un corps féminin ou vice-versa.

La définition de l'Alzheimer, c'est un choc émotionnel, rebondissant sur un évènement négatif, enfoui en soi, sans possibilité de se souvenir ou de rebondir sur l'évènement.

QUOTES :

« Un malheur n'arrive jamais seul, Le bonheur non plus ! ».

RESULTAT :

- 3 Chocs émotionnels, différents > LA MORT ASSUREE !
- Une vision différée du monde et sa capacité à intégrer l'information
- L'émotion reste dormante et irrecevable de toute émotion

L'AUTISME PSYCHOLOGIQUE

C'est une forme de pathologie sous forme de Jumeaux, qui se battent sous un format d'Autisme. Toute action est répétitive en deux temps, rendant la vie imbuvable et inconfortable. Toute relation est une forme de capacités intellectuelles suprêmes, emprisonnées dans un corps ou cerveau. La capacité du cerveau étant non réceptive a ce niveau intellectuel, rend les oreilles autistes et se balancent d'un point A q un point B, sans la possibilité de voir le réel tangible.

A sa maitrise, tout adversaire est vaincu ; quelque soit sa nature ou sa forme et à la maitrise, le cerveau recouvre complètement ses capacités et intègre le surplus occasionnel pour réveiller les parties dormantes de notre matière grise, de faire fluctuer les informations de manière fluide et reposante. Ainsi, le détenteur de cette capacité rentre dans le cadre de génie intellectuel, pour lequel les sciences sont une ouverture vers des créations et des inventions, sans limites respectives.

Le GAP est de trouver la balance entre cette nouvelle capacité et l'environnement qui vous entoure.

LA PSYCHOLOGIE DU SOUVENIR

Le souvenir est un acte imprime dans notre cerveau, il ne peut être effacé, mais peut être caché. Sa trajectoire ne peut être changée, il est comme l'eau et son retentissement ressemble à un rebondissement de l'eau au toucher du sol. Le souvenir est une cartographie de toutes les trajectoires, de tous les bonheurs et malheurs d'un monde illogique, lui donnant une logique résonante ; le souvenir est beau et magique mais sa destruction ou son altercation, est destructrice. Il révèle la vrai personnalité et les trésors caches derrière la barrière temporaire ou définitive, à retrouver les raisons de liens et leurs répercussions. Toute insinuation de la suite des évènements, est une répercussion de la transition entre temporaire et définitive ; résultant ainsi du stockage indestructible et de la création divine.

Imaginez un avenir plein de bonheur et de réalisations technologiques et culturelles, donnera à votre cerveau un élan positif pour créer des ondes positives et produire un résultat afférent. Culturaliser le cerveau de façon positive et significative, est un moyen de retravailler votre pensée, a délibérer les ondes souriantes et à produire : La dopamine, la sérotonine et ...

Chaque souvenir a une définition singulière et non répétitive ; aucun souvenir ne peut être produit à l'identique. Pour pouvoir dupliquer un souvenir, il faudra le copier. Or une copie de la mémoire n'est guère possible, entre le Moi et le Surmoi ; car le Moi est un cerveau avec une mémoire et le surmoi est la partie non réceptive du cerveau à peaufiner les oublis et a permettre au cerveau un redémarrage et un repos lors du sommeil. Cela ressemble à des amortisseurs de la voiture, car sa flexibilité permet d'attiser les secousses et de rebondir avec élasticité.

PROCESS

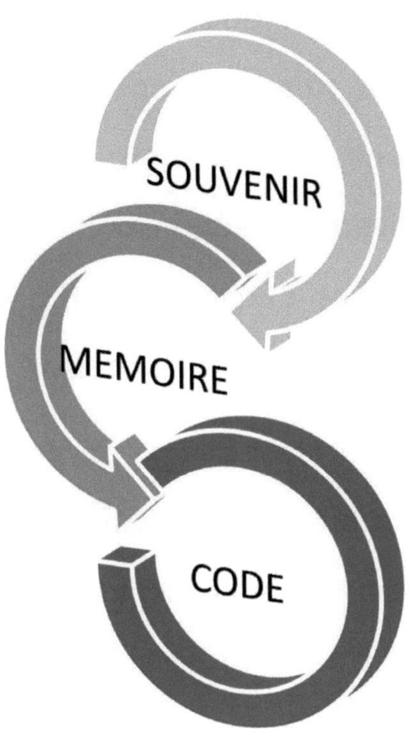

LA MEMOIRE

La mémoire peut être développée sur plusieurs axes, à savoir le raisonnement et le stockage. Elle permet de retenir l'information, de stocker et de la traiter plus tardivement. Plus la mémoire n'est vive, plus le raisonnement et l'analyse sont développés pour produire un résultat positif et gratifiant.

La mémoire cérébrale est une contenance docile, a traiter avec modération car son interaction avec le monde extérieur et le corps intérieur donnent un manifeste sublime de la traçabilité des liens familiaux et quotidiens. La famille reste le premier vecteur de traçabilité et de tangibilité effective, à dorloter les informations et à systématiser les évènements pour genialiser ou massacrer la vision humaine.

Tout feedback résulte de la captivité des informations, à prendre leur chemin ou à fluidifier la circulation sanguine. Les évènements se succèdent et développent une température ambiante. Si ce thermostat est déréglée alors tous les mécanismes sont à revoir pour trouver l'équilibre idéal et fluidifier les résultats permanents.

La mémoire joue sur 3 principaux axes :

- Cérébrale : Technique
- Sélection : Basique
- Les rêves : L'imaginaire

LE SYSTEME BOURSIER

L'info est anodine, sa rencontre avec un évènement réel, lui donne la réalité verte d'un monde noir ou sans rendement, TRI = Taux de Rendement sur Investissement.

L'investissement que vous portez à une information reflète la qualité du temps investi, de la qualité de l'information et la résultante de son exploitation ; La continuité des évènements dans cette exploitation, est semblable à une terre cultivée, de la préparation, la graine, la semence et le cycle de production. Une fois, l'information est digérée correctement, la résultante permet de revoir les décisions prises, leur impact et leur tangibilité dans le temps et l'espace. Toute relativité est une coordination psychologique et littéraire pour l'exprimer, alors que l'importance réside dans les deux points continus sur lequel transite l'information anodine, le bouche à oreille et crowd-speaking.

SORTIE DU LIVRE

Pour Finir, Je n'ai pas trouvée de meilleur moyen pour vous transmettre le sourire, que ce dialogue.

- J'étouffe, j'étouffe,
- Au secours, Aidez-moi !
  - Que faire pour t'aider ?
- Souriez, vous êtes filmes !
  - Comment ? C'est sérieux ?
- On croyait qu'il y avait que moi !
  - Un malheur n'arrive jamais seul, le bonheur arrive aussi. Tout est question de perspectives et à ta réactivité, on a trouvé la solution.
- Tu veux que je t'aide ?
  - Tu as beaucoup fait et beaucoup dit. Tu fais toujours trop, a estomper les intestins du rire,

la chaleur est un gaz mortel, mais je ne suis pas morte, je survie.

- Tu veux un médecin ?
    - Au point d'en voir, j'ai arrêté de me soigner. Je vis à la plume, au secours pas ordinaire pour une situation extraordinaire. Je te vois resplendissantes fatale, mais peu de raisons restent pour continuer.
- Tu veux ressusciter ?
    - C'est tranquille à ce stade. Je pousse les esprits à réfléchir, cela demande beaucoup d'énergie ; ceci est ma récompense a cet essoufflement quotidien dans une eau tiède poudreuse !
    - Quelle magie tu trouves pour continuer, j'étouffe au point d'en rester, mais je préfère y rester que te voir.
- Tu peux me donner un conseil ?

- Lâche-moi ou ta descente, elle sera 'PUBLIC-ENFER'. Ma plume est debout pour te déguster de ta vie.

BOOKS in STORE

BOOKS

- POESIE BAROQUE
- BAROQUE WORLD !
- BUTTERFLY EFFECT
- LE CAMELEON
- SLAM YOUR LIFE
- LA PLUME PSYCHOLOGIQUE

#KENZATHERAPY SUR TWITTER

CONTACTS

Twitter : @laestycia

Instagram : kencool26

LinkedIn : #laplume kenzaouite

Printed by Books on Demand GmbH, Norderstedt / Germany